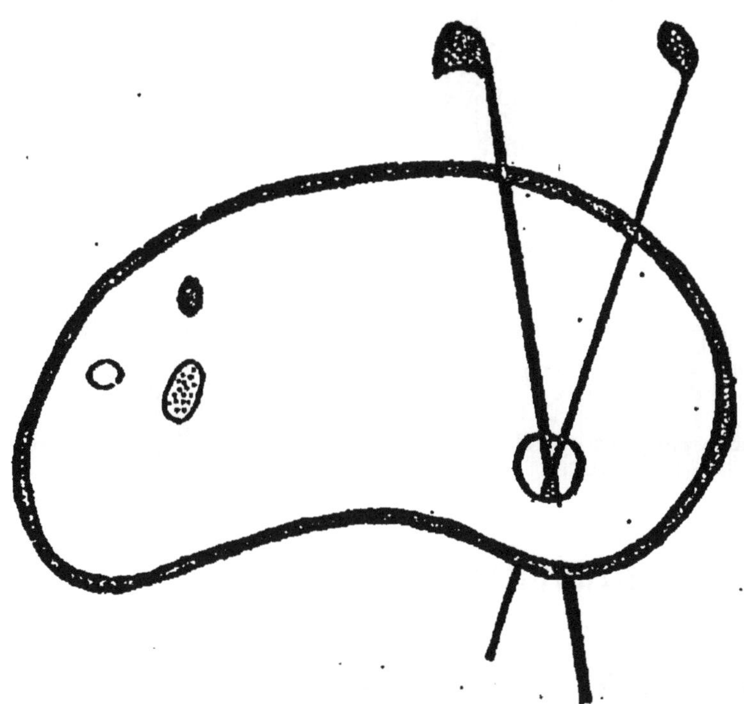

DEBUT D'UNE SERIE DE DOCUMENTS
EN COULEUR

Conditions de conservation

41
1899

LES VILLES-SŒURS

Granville-la-Victoire
ET
Ville-Dieu-lez-Saultchevreuil

PAR
V. LE MONTIER
AVOCAT

LK7 30659

SEUL DÉPOSITAIRE A VILLEDIEU
M. LEMONNIER, LIBRAIRE

Imprimeur-Éditeur
V. LETRÉGUILLY
AVRANCHES

LK7 0659

L'Imprimeur-Editeur
V. LETRÉGUILLY, AVRANCHES

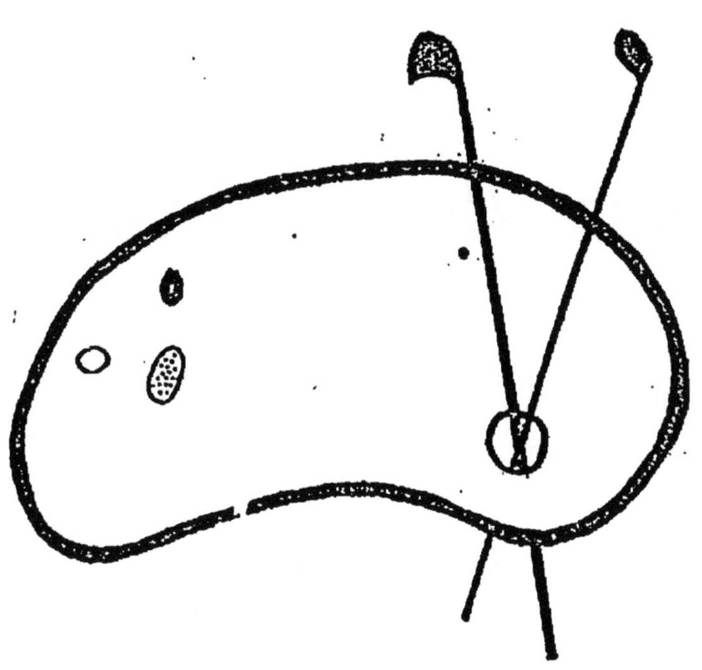

FIN D'UNE SERIE DE DOCUMENTS
EN COULEUR

Cap Lihou, 20 Décembre 1893.

LES VILLES SŒURS

GRANVILLE-LA-VICTOIRE

ET

VILLE-DIEU-LEZ-SAULTCHEVREUIL

Dulcis amor patriæ.

OVIDE.

A M. JULES TÉTREL

Chevalier de la Légion d'honneur

Vice-Président du Conseil Général

Maire de Villedieu

HOMMAGE DE L'AUTEUR

LES VILLES-SŒURS

Au moment où le Gouvernement de la troisième République, M. Edouard Lockroy, député, et nos représentants régionaux les plus autorisés reviennent avec énergie solliciter les crédits et une organisation nécessaires pour fortifier la presqu'île du Cotentin, y établir un camp retranché de terre, construire de nouveaux forts pour mettre Cherbourg à l'abri d'un coup de main hardi et réserver à notre flotte un port de refuge (1), il ne nous semble pas inutile de retracer des faits historiques qui prouvent la prévoyance de nos ancêtres du siècle dernier et leur patriotisme.

Deux villes surtout se firent remarquer par leur énergie et prouvèrent jusqu'aux derniers sacrifices combien est *doux l'amour de la patrie*. J'ai nommé GRANVILLE et VILLEDIEU. Du reste, leurs institutions, leurs privilèges, leurs allures, les rendaient nécessairement

(1) *Journal officiel* du 19 février 1894. — Décret basé sur celui du 13 mai 1890 et portant que les 19 secteurs du littoral de la France seront à l'avenir commandés par des officiers généraux de l'armée de mer, indépendants de l'autorité militaire territoriale.

les premières sentinelles perdues de l'indépendance et de la liberté du sol français.

Granville, en 1204, redevint l'apanage d'un seigneur français; malheureusement grâce à l'un de ses descendants le 26 octobre 1439, les Anglais foulèrent encore le sol de la patrie. Chassés de Granville en 1441, le roi Charles VII accorda, par un édit du mois de mars 1445, à ses habitants, qu'ils seraient « quittes et exempts des aydes créés pour la « guerre, ensemble de toutes tailles, emprunts « et autres subventions et redevances quel- « conques. »

En 1634, 1689 et 1734, les rois de France essayèrent, mais en vain, de porter atteinte aux privilèges si chèrement acquis par les Granvillais.

C'est que, à l'amour du sol natal, toujours guetté par l'ennemi héréditaire, venait se joindre le besoin de défendre leur fortune acquise au prix des pénibles et périlleux travaux de la pêche de Terre-Neuve et des expéditions souvent sanglantes de nos corsaires contre ces écumeurs des mers, qui rêvaient de s'emparer à nouveau du cap Lihou. Je n'ai besoin que de citer les noms les plus célèbres de nos *marins de course :* Guidelou, Hue, Beaubriant (1680). — Lepelley-Dumanoir (1695). — Quinette-Deshogues (1726). (1) — Mathieu de la Rue, dit Face d'Ar-

(1) Nous préparons en ce moment une étude approfondie des Corsaires granvillais.

gent, (1747), et Ravenel (1767), pour prouver surabondamment combien était ardente de tout temps la lutte des Granvillais pour leur indépendance et la liberté du foyer, ce qui s'accentua surtout lorsqu'ils se virent menacés en 1793, d'être livrés à l'étranger.

L'attaque anglo-vendéenne échoua, grâce au patriotisme de nos concitoyens, comme plus tard ils surent stoïquement supporter des Anglais le bombardement de 1803.

> **Et quand la Vendée altière,**
> **Pour son Roy vint l'assiéger,**
> **Elle mordit la poussière**
> **De mon vieux Rocher (1).**

Ainsi s'exprime un de nos amis, ardent patriote (2), un Granvillais, poète et historien justement appécié, à qui nous devons le récit très documenté du siège de « Granville-la-Victoire » et de l'héroïsme de nos ancêtres. »

Ce que nous voulons seulement essayer de retracer, c'est la participation, l'union des deux cités patriotes Granville et Villedieu-lez-Sauchevreuil qui, dans notre péninsule de l'ouest restèrent sincèrement républicaines et luttèrent si énergiquement pour la défense de l'intégrité et de l'indépendance de la Patrie.

Ils n'ont pas dégénéré, leurs descendants.

(1 Jules Launay, Granville, chanson : *Mon vieux Rocher*.

(2) Du même auteur : *Siège de Granville*.

Qu'ils viennent, les *pseudo ralliés*, demander l'avis de nos laborieux concitoyens. et ils verront vite que Granville et Villedieu seront encore d'accord pour les.... *remercier.*

Quand à *Ville-Dieu*, les mêmes causes ne produisirent pas les mêmes effets; mais tout porte à penser que ces deux cités étaient destinées à arrêter l'invasion des Vendéens, qui s'appuyaient sur l'étranger et que leurs constants et communs sacrifices avaient pour base le sentiment de leur antique indépendance et le souci de la défense de leurs privilèges si glorieusement achetés. *Ville-Dieu*, commanderie de l'Ordre de Malte, « avait constamment joui sous la royauté « d'une indépendance relative, ayant laissé « une profonde empreinte dans l'esprit de « ses habitants »

Le 17 septembre 1789, le citoyen Laurence (1), reçut de ses concitoyens, par sa nomination à la présidence du *Comité national*, la preuve irréfutable de la consécration de l'union et de la Confédération de Villedieu et de diverses communes voisines, splendide manifestation de leur confiance et de leur dévoûment au mouvement libéral.

Ce furent, plus tard, l'abbé Arnault, *prieur commanditaire de la Bloutière* et le même

(1) Les citoyens Laurence et Engerrand, enfants de Villedieu, furent représentants du peuple a la Convention nationale.

Laurence qui, le 30 décembre furent chargés d'obtenir de l'Assemblée nationale la création d'un district et d'un baillage de Villedieu, en lui attribuant une représentation de deux députés.

L'année 1791 vit éclater, à Villedieu les démonstrations enthousiastes des patriotes, dès qu'ils connurent l'acceptation de la constitution par le roi. Alors furent distribuées, comme récompense de leurs travaux, aux élèves des écoles, des images tricolores destinées à perpétuer le souvenir de cette alliance de la nation et du roi (1).

Une croix rouge, rayonnée d'azur, était accostée de drapeaux écartelant le bleu et le rouge de la nation par le blanc de la couleur royale; au-dessous, ces mots gravés sur une banderole : *Au signal de la Liberté;* puis plus bas : *La Croix rend libre l'Esclave qu'elle soumet aux lois de J.-C.* Enfin : *la Nation, — la Loi, — le Roi*, escortant le bonnet phrygien; le tout terminé par ces mots : *Prix de Science.*

Ouvrons le dernier *Papier terrier* (2) contenant le dénombrement, tant du domaine fieffé que non fieffé de la commanderie de *Villedieu-lez-Saucheureüil* ou *Villedieu-les-*

(1) Nous possédons un spécimen donné alors à notre grand-grand-père.

(2) Archives municipales de Villedieu-les-Poêles (Manche). (Registres des délibérations du Conseil général et de correspondance du 16 septembre 1791 au 18 brumaire An II).

Poëles, membre dépendant de la commanderie de *Villedieu-lez-Bailleul*, rédigé en 1742 à la requête de messire Louis-Vincent du Bouchez de Sourches de Montsoreau, chevalier de l'ordre de St-Jean-de-Jérusalem. Nous y voyons de nombreuses chartes et lettres patentes royales qui prouvent que dès le XIVe siècle, le roi de France qui, de concert avec le pape Clément V, supprima l'ordre des Templiers, sentit le besoin d'instituer les Etats-Généraux et ne put résister aux justes revendications des habitants de la commanderie de Malte de Villedieu.

Voici la liste exacte des chartes du XIVe au XVIIIe siècle :

Philippe le Bel, 1304.
Charles IX, 1563.
Henri III, 1575, mars.
Henri le Grand, 1596, décembre.
Louis XIII, 1619, janvier.
Louis XIV, 1651, septembre.
Louis XV, 1716, septembre.

Toutes sont empreintes d'un grand esprit libéral, étant donné les époques de leur promulgation; il est vraiment étonnant et exceptionnel. De ce travail, qui est, comme la charte, la constitution civile et politique de la commanderie de Villedieu, il résulte que le curé de cette ville aurait une juridiction civile, militaire et religieuse très étendue. C'était une espèce d'évêque *in partibus*, autour duquel ses nombreux vicaires jouaient le rôle de chanoines. Un des privilèges les plus curieux dévolu à ce pseudo-prélat, c'était de pouvoir marier à l'église, portes closes sans publications ni témoins, les jeunes gens qui se se présentaient à lui en l'absence, à l'insu, sans le consentement et même malgré le refus des parents. Ce mariage était valable : tant l'autorité civile et religieuse avait confiance dans la sagesse et la prudence du curé de Villedieu-lez-Saultchevreüil !

Aussi les idées nouvelles, écloses sous le souffle puissant de Mirabeau et de Camille Desmoulins qui, en 1789, au Palais-Royal, donna le signal de l'insurrection qui, le 14 Juillet, fit tomber la Bastille, furent-elles reçues à Villedieu avec enthousiasme.

Ce fut en 1791, 18 septembre (1) qu'eut lieu à Villedieu la première fête patriotique où le Tiers-Etat et le clergé, y associant le roi, fêtèrent la prospérité de la patrie.

La consécration officielle et publique de cette trilogie, qui alors semblait indissoluble, fut fort imposante à Villedieu. Au fronton de l'autel, élevé sur la place publique, les trois mots fatidiques; puis des groupes d'enfants l'entourant; à droite, un génie portant un cartouche avec ces mots : *Je l'accepte*; à gauche, un autre génie montrant au peuple ce simple mot : *Constitution.*

Plus bas, la *paix* était figurée par un en-

(1) Livre des délibérations des Municipalités confédérées, du 16 septembre 1791 au 8 brumaire An II.

fant tenant une *colombe et un rameau d'olivier*; et la *liberté* par un jeune *Romain* tenant une *pique* surmontée d'*un bonnet*.

De chaque côté, la *colonne constitutionnelle* est soutenue par la *France*, symbolisée par une femme drapée dans une robe fleurdelisée, et par le *Patriotisme* : c'est un garde national qui a la glorieuse mission de le synthétiser.

Les corps confédérés et le clergé cantonal se rendirent de l'église, escortés par la garde nationale, jusqu'à l'autel, où le Maire de Villedieu lut la lettre du roi, couverte des applaudissements de tous.

Après les prières, le chant du *Te Deum* et de l'*Exaudiat*, le cortège rentra à l'église et les réjouissances populaires prouvèrent que les patriotes de Villedieu étaient fiers de la reconnaissance de leurs droits par la royauté. Le canon ne cessa de tonner toute la journée et la fête se termina par des illuminations, danses et chants populaires.

Le 23 octobre 1791, la Constitution fut promulguée : même joie mêmes manifestations. Après le salut donné par le curé de Villedieu, le chant du *Domine, salvam fac Gentem* et du *Te Deum*, M. Beauvoisin, major de la garde nationale, prononça un discours suivi de la bénédiction du Saint-Sacrement.

Le 13 novembre 1791, M. Jean-Baptiste Mauviel est nommé maire de Villedieu et le 14 novembre sont nommés officiers municipaux :

François Havard, médecin; Philippe Pitel-Chalaisure; Pierre Gautier; Duparc.

Le 28 mai 1792, fut planté le premier arbre constitutionnel, armé d'une pique surmontée du bonnet de la Liberté, et l'on suspendit les vieux drapeaux à la voûte de l'église, en souvenir de cette fête.

Nous lisons dans une adresse du 30 août 1792, rédigée par « l'assemblée générale » des citoyens du canton de Villedieu, les lignes suivantes qui prouvent leur patriotisme et leur dévouement absolu à la patrie, à laquelle ils donneront bientôt de nouvelles preuves de leur abnégation.

Il s'agit de sauver la patrie; ils s'associent aux mesures adoptées :

Nous voulons partager l'honneur du triomphe, nous qui avons aidé à la victoire. Huit cents hommes sont le total de notre garde nationale. Depuis un an, deux cents sont sur la frontière.... Mais nous n'avions pas encore fait assez pour la Patrie. Vous annoncez son danger, et ce qui nous reste de jeunes citoyens et de pères de famille capables de la défendre forment, le jour même de la proclamation, la première compagnie de notre département. C'est ainsi que nous répondons à l'espoir que vous avez conçu de tous les Français.

La glorieuse bataille et victoire de Valmy sur les coalisés et la proclamation de la République, le 22 septembre 1792, prouvèrent que tous les Français étaient résolus « à maintenir de tout leur pouvoir la Liberté, l'Egalité, ou de mourir en les défendant. » Certes, l'impulsion donnée par les représentants enflammèrent ces masses énormes de paysans, d'ouvriers, transportés subitement et sans préparation sur les champs de bataille et ils y firent des merveilles. Mais la Convention sentit bientôt le besoin de reconstituer les forces vives de la Nation sur de nouvelles bases et, dès octobre 1793, d'après le rapport de Barrère, elle substitua les opérations en masse aux combats de détail. Il fallait, pour cette organisation un régulateur, un pondérateur ; ce fut à un ancien officier de génie, devenu membre de la Convention, qu'échut ce glorieux et difficile honneur : j'ai nommé Lazare Carnot (1) celui que, plus tard, la France reconnaissante surnomma « l'Organisateur de la Victoire. »

Pourtant, la misère noire les étreignait, ainsi que le prouvent des demandes de secours « à cause de la cherté excessive des denrées « de première nécessité et de la suppression « du travail dans les ateliers » 5 mai 1793 — et l'envoi, le 26 juillet 1793 d'une députation au district d'Avranches pour exposer les « horreurs de la famine, qui étreignait ses concitoyens. » n'entrava pas leur patriotisme qui ne tarda pas à s'affirmer de nouveau.

Si, dès août 1792, les fonctionnaires de Villedieu jurèrent de défendre la Patrie, de simples citoyens, malgré l'interruption du

---

(1) Thiers, *Histoire de la Révolution*, tome V, page 99.

travail dans les ateliers, réduits à la disette, à la famine. « puisque, en septembre 1793, « deux livres de grains de toute espèce, mêlés « ensemble, étaient les seules ressources « mises pour une semaine à la disposition « de chaque habitant, » chargèrent leur *Conseil général* d'offrir au Représentant Lecarpentier, délégué par la Convention pour organiser la défense de la Manche, leurs bras, leur industrie, leur activité pour participer à la défense de la République (le 30 septembre 1793).

Une députation, composée des citoyens Girres, Etienne Béatrix et Gabriel Guesnon se rendit à Coutances, près de Lecarpentier, pour lui offrir « au nom de tous les ouvriers « de Villedieu, leurs bras, leur industrie et « leur activité pour concourir à la fabrica- « tion de tous les ouvrages nécessaires à la « défense de la République une et indivisible « tels que *canons* lances, poignées et four- « reaux de sabres, piques, garnitures de fu- « sils et de pistolets en cuivre, garnitures de « casques, boucles de souliers...., etc., » en un mot, tout ce qui constitue le fourniment et le harnachement militaire.

Leur vœu patriotique fut exaucé et une fonderie de canons fut établie à Villedieu, le 15 germinal an II ; mais avant, leur patriotisme devait être encore épuré par le pillage et le massacre de cette ville ouverte, par les Vendéens.

C'est une gloire pour Villedieu d'avoir vu

alors s'élever dans ses murs cette fonderie de canons qui, sous la haute direction de Lazare Carnot, prépara des armes à nos braves soldats.

Cela résulte, en effet, de la correspondance échangée, d'une part. entre le Comité de Salut public, celui de la grosse artillerie, toujours contresignée de Carnot, et, de l'autre, de celle du Représentant du peuple Bourret, chargé de surveiller la fabrique de canons de Villedieu-lez-Poêles ou lez-Sauchevreuil, que nous analyserons plus tard. Mais avant, il nous faut décrire la participation des patriotes volontaires de Villedieu au siège et à la délivrance de Granville, ainsi que les horreurs et monstruosités que le 27 brumaire an II, Villedieu eut à supporter après la levée de ce siège et la déroute des Vendéens.

Lorsque, en octobre 1793. le général Lechelle, qui voulait marcher « majestueusement et en masse » fut le premier à fuir et pour excuser sa lâcheté, dénonça la *brave armée de Mayence* (1) ; les Vendéens, ayant le passage libre à Laval, marchèrent résolûment de l'avant.

Ils hésitaient, toutefois, entre la pointe de Bretagne et celle de Normandie. Mais la presqu'île du Cotentin, avec Granville, Port-Bail, Saint-Cosme et Cherbourg sans

(1) Thiers : *Hist. de la Rév.*, tome V, pages 262, 264, 265, 266.

défense et accessible par terre, leur offrait une communication facile avec les Anglais.

Aussi, lorsque, arrivé à Fougères, de la Rochejaquelein, général en chef, y reçut la visite de MM. Freslon conseiller au Parlement de Rennes et Bertin, tous deux émigrés envoyés d'Angleterre (1), il commit un crime de lèse-patrie en ouvrant une oreille favorable aux propositions de l'Angleterre. Nul ne pourra nous accuser d'exagération ; c'est en analysant les mémoires de la marquise que nous allons raisonner. Certes Georges III et Dundas promettaient l'appui anglais et ce dernier « indiquait Granville comme lui paraissant préférable à tout autre ». Mais, lorsque les deux émissaires « cassèrent le bâton plus bas et en tirèrent une petite lettre de M. du Dresnay... », qui de Jersey avertissait les généraux « qu'il ne fallait pas avoir confiance entière aux promesses des Anglais », il ne se trouva pas un homme honnête pour lui souligner du doigt le piège et montrer à la Rochejaquelein qu'il livrait de gaieté de cœur le sol de la France à l'étranger.

Ils avaient donc oublié Calais et le bûcher de Rouen, ces Vendéens qui, de plein gré, faisaient le jeu des descendants du Prince Noir.

L'attaque de Granville fut décidée ; l'armée

(1) Mémoires de la marquise de la Rochejaquelein, filleule de Mme Victoire et de Louis XVIII (1815), p. 327.

ennemie passe par Dol, Pontorson, le Mont-St-Michel et Avranches, pour venir mettre le siège sous les murs démantelés de Granville, le 15 novembre 1793.

Ville-Dieu, la patriote, n'avait pas attendu l'appel de Lecarpentier pour voler avec ses enfants au secours de la Ville-Sœur, menacée par l'ennemi commun.

Dans son rapport sur la fête du V messidor an II, le représentant Lecarpentier énumère comme suit la composition de la garnison de Granville :

Canonniers du Contrat social.
Canonniers des Tuileries.
Canonniers du bonnet rouge (sections de Paris).
Canonniers de la garde nationale de Valognes.
31e régiment d'infanterie.
6e (bataillon de Villedieu), *9e et 11e bataillons de la Manche.*
6e bataillon de la Somme.
Contingent du Rocher de la Liberté (Saint Lo).
Contingents du bataillon de la Côte-d'Or, du Calvados et du 11e régiment de chasseurs à pied.
Compagnie de chasseurs d'Evreux.
Hussards du 7e régiment.
Gendarmerie nationale de la Manche.
Guet de surveillance de Granville.
Garde nationale.
Canonniers marins, corvette, canonnières.

Soit en tout : **5,335** hommes qui allaient lutter contre l'armée vendéenne, forte de **80,000** hommes.

Il ne nous appartient pas de retracer ici le drame héroïque de la brave population granvillaise, unie à tous les bons patriotes de la Manche et de Villedieu, luttant avec l'énergie du désespoir contre cette bande d'hynoptisés, qui n'avaient pas conscience qu'en attaquant leurs frères, chez eux, ils les livraient et eux aussi à l'ennemi héréditaire rêvant déjà un *Gibraltar normand.*

Tous firent bravement leur devoir et, parmi les tués et blessés du contingent de Villedieu, nous relevons les noms suivants : Nicolas Binet, Antoine Le Saché, officiers; Michel Aumond, Jacques Beaubigny, François Ménage, Conefroid, Cauvin et Bonneau, tous volontaires accourus au secours de leurs frères. Leurs noms devraient être inscrits à côté des victimes de Granville, sur le monument commémoratif qui devrait remplacer, d'une façon définitive et durable, la colonne commémorative qui fut élevée pour la fête du centenaire. si dignement célébrée à Granville, le 16 juillet 1893, au milieu d'une multitude calme et recueillie.

Honneur à tous ces braves!

Refoulée de Granville jusqu'à Avranches, l'armée vendéenne ne se tint pas pour battue. A la tête d'une de ses ailès, H. de la Rochejaquelein se dirigea d'Avranches sur Villedieu.

Le 17 novembre 1793, les habitants d'Avranches, avertis de l'approche des Vendéens qu'on leur signale à Pontorson, écrivent à la municipalité de Villedieu : « Citoyens...., volez à notre secours avec « armes et munitions. — Salut et Fraternité. « Signé : Le Marié, Louiche. Lemaître. »

L'arrivée du contingent de Villedieu, qui ne se fit pas attendre, ranima le courage des Avranchinais.

Il résulte d'un procès-verbal « Fait et « arrêté en séance publique et permanente, « l'an second de la République une et indi- « visible et signé par Havard docteur-mé- « decin, maire; Dolley, Turgis, Pr de la Ce, « Cadet, docteur-médecin, Villain, officier « municipal, Béatrix, off. m., Mangeot, Le « Monnoyer, de la Hagrie, Breton, off. m., « Gautier, Lemonnier, Havard-Desmasures, « off. m., Duparc, chirurgien, Pitel, Duval, « secrétaire, » que Villedieu, ville ouverte, fit héroïquement son devoir.

Dès le 25 brumaire, les Vendéens qui, confiant dans l'Anglais qui les engageait à aller de l'avant croyant ne faire de Granville, de notre vieux cap Lihou, que ce que l'on nomme *une bouchée*, envoyèrent un détachement sur Villedieu. Mais, là comme à Granville, on veillait; dès la nouvelle de l'approche des brigands marchant sur Avranches, les citoyens de Villedieu, Ste-Cécile Saultchevreuil, St-Pierre-du-Tronchet, se lèvent en masse, forment un bataillon et courent au secours d'Avranches. Malgré leur courage devant le flot montant de l'armée vendéenne, ils durent se replier, les uns sur Villedieu, les autres sur Granville, où ils vinrent fournir un second appoint à ses défenseurs.

Ce fut donc le 25 brumaire, vers 2 heures

de l'après-midi, que « 60 cavaliers des bri-
« gands fondirent sur Villedieu, bride en
« bouche, le pistolet d'une main, le sabre de
« l'autre, criant et voulant obliger de crier
« Vive le Roy! »

Ils abattent l'Arbre de la Liberté et le coupent en morceaux; brisent et pillent les meubles volent les chevaux, brûlent les papiers de la *maison commune* et annoncent leur retour, pour le lendemain, au nombre de 10,000 hommes.

Mais Pitt et Dundas avaient laissé écraser les Vendéens fanatiques par les patriotes de Villedieu et de Granville, sous les murs de l'héroïque cité, qui n'hésita pas à mettre le feu à son faubourg pour en déloger l'ennemi.

Poursuivis dans la nuit du 25 au 26 par les citoyens de Villedieu, de Beslon et Saint-Fraguaire ils demeurèrent introuvables; ils s'étaient repliés vers Granville. Furieux de leur échec sous cette place et de l'abandon des Anglais, après avoir laissé les cadavres des leurs *nus* et *sans sépulture* Stofflet et La Rochejaquelein se replièrent sur Avranches. Là cédant aux instigations d'un sieur Bougon, qui voulait entraîner l'armée vendéenne vers le Calvados et Caen, ils se dirigèrent sur Villedieu, résolus de saccager cette ville ouverte pour la punir de la participation de ses enfants à la défense du *sol de la France*.

Le 29 brumaire, vers deux heures de

l'après-midi les braves républicains, réunis au nombre de 200 par l'appel suprême du tocsin qui déchire l'air, armés de fusils de faux, de piques et de bâtons, se trouvèrent en présence de la cavalerie vendéenne, forte de 150 chevaux, suivie de 2.000 fantassins, appuyés de 6 pièces d'artillerie. Le crépitement de la fusillade retentit : *l'adjudant-major* et *l'adjudant général des Vendéens* (ce qui fit dire plus tard à Stofflet qu'il le regrettait plus que 500 hommes) mordirent la poussière. Les brigands s'emparent des hauteurs et mitraillent la ville ouverte. Accablés par le nombre, les défenseurs se replient.

Furieux de ses pertes, par l'ordre du général Vendéen, « le PILLAGE, le MASSACRE et « l'INCENDIE *sont ordonnés au son de la « caisse.* » (1)

Rien n'échappe à leur furie : un enfant de 16 ans, sans armes, est fusillé près d'un vieillard égorgé. Le chef de la légion, alors à Granville, avait confié à un brave gendarme de Saint-Pierre-du-Tronchet, une mission importante; à son arrivée à Villedieu, il tombe aux mains des Vendéens qui l'arrachent des bras de son épouse éplorée; il est fusillé sur la place (2) ainsi que le président du comité de surveillance de Saultchevreuil et quatre autres citoyens.

Un pauvre mendiant, infirme, âgé de 20

---

(1) Procès-verbal du 9 frimaire an II (mairie de Villedieu).

(2) Id.

ans, nommé Jean Fontaine [1], sans armes mais patriote, est saisi. Sommé par eux de crier : « Vive le Roy! » il répond « Vive la République! » [2] Aussitôt, les coups de sabre pleuvent sur ce malheureux « ces furieux lui « coupent les deux mains lui mettent dans « l'une *sa cocarde* et lui enfoncent le tout « dans la bouche...! » *Horresco referens!*

Un jeune citoyen de 25 ans, malgré les larmes de son épouse, enceinte, et les supplications de son vieux père, tombe sous leurs coups pour avoir refusé de crier « Vive le Roi! » Combien d'autres victimes ignorées et inconnues!

La petite commune de Beslon compte *dix* de ces martyrs de la liberté. Le nombre total, des républicains *sans armes*, égorgés, se monte à 50, presque tous pères de famille. A Sainte-Cécile, Saint-Pierre-du-Tronchet Saultchevreuil, le massacre fait par les Vendéens laisse de nombreuses victimes.

Le second acte commence : après le *massacre*, le *pillage*. Heureusement que les patriotes de Villedieu eurent le temps de leur soustraire cinq canons encore dépourvus de leurs affûts, en les jetant à l'eau. Mais tout a été dévasté, pillé : meubles, provisions de toute sorte, ce qu'ils n'ont pu emporter, ils l'ont brisé et souillé.

---

(1) Voir son acte de décès (registres de la municipalté de Villedieu).

(2) Procès-verbal cité plus haut.

Que l'on ne croie pas que ces représentants du descendant du *Roy Vert Galant* ces aristocrates qui se font suivre de leurs femmes aient le moindre respect de celles des patriotes. Grossière erreur : on avait bien promis aux *Villedieusaines* qu'elles « ne seraient point fouillées » ; elles furent vite détrompées de leur confiance crédule et dépouillées de leurs anneaux, bijoux, colliers, avec la dernière insolence.

Il fallait bien qu'une telle danse macabre eût son côté grotesque et sinistrement bouffon. Le voici : un Vendéen « fit de la soupe avec « quatre pains de sucre pesant vingt livres ; « un autre fit bouillir 50 bottes d'oignons « dans une marmite ; d'autres enfin rem- « plirent leurs poches d'abricots confits. » (1).

Il ne faut pas supposer que cette armée, qui se disait *catholique*, respectât les églises : A Villédieu le pillage s'est étendu jusqu'à l'église ; ils ont brisé armoires, coffres ; volé calices, pots et même des vases de fer blanc « et ont souillé le temple de leurs ordures. » (2)

Las du *massacre* et du *pillage* dont l'existence est cyniquement avouée par la marquise de La Rochejaquelein dans ses mémoires, l'*incendie*, ordonné par le général, allait mettre le comble à la dévastation de cette

---

(1) Procès-verbal du 6 frimaire an II (archives municipales de Villedieu).

(2) Id.

ville ouverte, dont le seul crime était d'être patriote.

Cédant à un dernier reste de sentiment humain, celui que les Vendéens désignaient tantôt sous le nom de Dehargue, tantôt sous celui de La Rochejaquelein, ce qui nous semble plus probable [1], finit par céder aux prières et supplications des citoyennes *Engerran*, *Huard* et *Autin*. Le général révoque l'ordre d'*incendie*, « châtiment dont ils ont « dit depuis avoir voulu punir le patriotisme « de Villedieu. » [2]

Ces trois citoyennes ont droit au respect, à l'admiration de tout honnête homme, à quelque parti politique qu'il appartienne ; car ce jour-là elles ont agi en femmes en mères, en Françaises, dignes ancêtres de celles qui protestèrent contre l'incendie de Mayence et les fusillades des Prussiens.

C'est en vain que, dans ses mémoires, la marquise de La Rochejaquelein insinue « que quand l'on fut entré dans les rues les « femmes jetaient des pierres par les fe- « nêtres ». pour excuser l'ordre sanguinaire donné par le général Vendéen de passer toutes les femmes et les enfants par les armes. furieux qu'il était de ne pas retrouver le corps de son ami. La vérité, la voici : pendant que des perquisitions se faisaient partout, trois braves citoyennes, qui avaient fait d'avance

(1) Mémoires de la Marquise (édition de 1815).

(2) Procès-verbal du 6 frimaire an II.

le noble sacrifice de leur vie, s'assirent sur la place, sur une cuve renversée où était caché le cadavre de l'adjudant-majoral général et, bravement, se mirent à travailler à leur tricot.

La noble compagne du général Henry de La Rochejaquelein oublie le massacre qui a précédé lorsque dans ses mémoires, publiés en 1815, elle écrit : « Le pillage fut permis « dans cette ville, parce qu'il n'y avait pas « de garnison. »

Cet aveu se passe de tout commentaire. Et qu'auraient-ils donc fait, ces Vendéens, s'ils s'étaient emparés de Granville? Ils auraient massacré soldats, hommes, vieillards, femmes et enfants, et c'est les pieds dans le sang de tant d'infortunées victimes, qu'ils auraient, eux, les défenseurs du trône et de l'autel, scellé le pacte d'union et livré le sol de la patrie à l'étranger, à l'ennemi abhorré qui, en 1815, les ramena dans ses fourgons.

Les victimes, du côté des défenseurs de la liberté, furent nombreuses. Nous avons fait des recherches infructueuses pour les habitants de Beslon et de La Colombe ; mais, pour Villedieu-les-Poëles, nous pouvons donner l'acte de décès dressé le 27 brumaire an II, copié sur l'original déposé à la mairie.

Nous y lisons :

L'an second de la République Française, une et indivisible, dans la journée du 27 brumaire (17 novembre 1793, vieux style), ont péri, sous les murs de Villedieu, sous le fer assassin des brigands de la Vendée, les citoyens de cette commune ci-après dénommés :

1° Henry-Gabriel Le Maistre, huissier, natif de Percy, âgé de 55 ans, mari de Françoise Havard, née et domiciliée à Villedieu ;

2° Jean-Pierre Mauviel, poëslier, âgé de 28 ans 1/2, natif de Villedieu, mari de Anne Lemonnier ;

3° Nicolas Duval, poëslier, natif de Villedieu, âgé de 44 ans 1/2, époux de Marie-Jeanne Basin ;

4° Jean-Baptiste Villain, poëslier, 36 ans, époux de Noëlle Perrotte ;

5° Raymond Loyer, poëslier, 52 ans, veuf en premières noces de Marie Viel, époux de Léonore Bataille ;

6° Jean-Baptiste Jean, poëslier, 34 ans ;

7° Jean Fontaine, 20 ans, mendiant, habitant cette commune depuis plusieurs années, présumé natif de Notre-Dame-de Livoye (déjà cité) ;

8° Charles-François Chalmé, apprenti chapelier, 17 ans.

Soit au total, cinq hommes mariés, âgés ; trois célibataires, dont un mendiant *idiot* assassiné avec la dernière barbarie.

Telles sont les souffrances les actes d'héroïsme des habitants de Villedieu qui, après avoir contribué à la défense de Granville, leur sœur, subirent le contre-coup de leur commun triomphe et la rage du Vendéen vaincu. Mais la discorde s'était mise dans les rangs des Vendéens. La Rochejaquelein et Stofflet furent rappelés à Avranches, où des troubles divisaient leurs forces. Villedieu respira ; il était délivré.

En témoignage de son admiration et de sa reconnaissance pour sa patriote population, l'administration du département de la

Manche félicita en ces termes la ville de Ville-Dieu, à la date du 3 frimaire an II, à Coutances :

GÉNÉREUX RÉPUBLICAINS,

Nous savons que les brigands de la Vendée, battus sous le rocher de Granville, ont eté par vous reçus comme des esclaves doivent l'être de la part d'hommes libres. En vain ils ont voulu vous asservir par la supériorité du nombre; une poignée d'hommes sans peur leur apprit que le sol brûlant de la liberté serait leur tombeau. Vous avez donc fait votre devoir en servant la patrie dans cette circonstance critique; nos phalanges vengeresses s'avancent pour apaiser les mânes de vos frères qu'ils ont lâchement egorgés. Mais veillons sans cesse et poursuivons-les jusqu'au dernier, pour assurer la paix dans nos foyers. Nous comptons toujours sur votre civisme et votre courage.

Vive la République!

Signé : Boursin, Heudeline, Buhot, Nicole.

Mais le pillage de Villedieu par les Vendéens avait semé partout la ruine, la désolation, la disette; la misère noire avait envahi chaque demeure. Partout meubles brisés et éventrés, provisions enlevées ou gaspillées et souillées. Des femmes, des enfants, des vieillards au visage hâve, aux yeux cernés qui ne pouvaient plus pleurer, se traînaient le long des rues. Soudain, un cri rauque traversait l'air : c'était une de ces misérables victimes qui succombait aux affres de la faim.

Ce n'était pas tout, comme le dit avec une naïve éloquence l'adresse du Conseil général de Villedieu, rédigée le 9 frimaire an II, d'avoir « jeté des fleurs sur le tombeau des martyrs de la Liberté »; il fallait aux femmes, aux enfants aux vieillards. du pain; car alors « une foule de misérables n'ont pas « mangé de pain depuis *huit* jours et n'ont « prolongé leur triste existence qu'*au moyen « d'aliments jusqu'alors inusités!* »

La Commission administrative du département de la Manche, siégeant à Coutances, s'émut de cette situation et le 14 frimaire an II, chargea les citoyens de La Londe et Robine, de se rendre à Villedieu pour l'approvisionner de grains par voie de réquisition. même dans le Calvados, et relever les manufactures.

Cet arrêté, signé Heudeline et Nicole, fut soumis au citoyen Jean-Baptiste Le Carpentier, représentant du peuple, délégué par la Convention nationale, qui approuva le même jour cette décision et en autorisa l'exécution entière. (1)

La misère continuait ses ravages.

Emue de tant de souffrances impuissante à les soulager la municipalité de Villedieu s'adressa à Bon de Saint-André, représentant du peuple pour les départements maritimes, qui après s'être assuré de la réalité de tant de souffrances imméritées et si courageusement supportées, décréta, le 15 frimaire an II :

CONSIDÉRANT que la ville de Villedieu a donné des preuves non équivoques de son patriotisme par

(1) Archives municipales de Villedieu. — Frimaire an II.

la résistance qu'elle a apportée à l'invasion des brigands, que les pertes qu'elle a éprouvées, les maux qu'elle a soufferts, les massacres de plusieurs de ses patriotes qui ont péri en défendant avec énergie la cause du patriotisme, la rendent digne de la bienfaisance nationale.

Qu'en attendant que la Convention Nationale ait prononcé définitivement sur l'indemnité qui doit être accordée aux citoyens de cette commune, il est juste autant que nécessaire de venir provisoirement à leur secours et de fournir à la subsistance de ceux qui ont été dépouillés par les rebelles.

ARRÊTE :

Article premier. — *Le receveur du district d'Avranches enverra dans la caisse de la municipalité de Villedieu, la somme de vingt mille livres qui sont accordées à cette commune à titres de secours provisoires.*

L'enquête faite sur l'ordre de la Convention nationale par les représentants Bon de Saint-André et Bellenger, vint mettre à jour des détails plus navrants encore.

Le 15 frimaire, an II, fut reçue et distribuée. surtout et de préférence aux indigents la somme de vingt mille livres apportée par le receveur du district d'Avranches. Les citoyens *Mauviel*. notable ; *Guillaume Goupil*. maire de Saultchevreuil et *Michel Jean-François Roblin*, officier du bataillon de Villedieu, firent cette répartition avec la plus grande impartialité et équité.

On se souvient que le 25 brumaire les Vendéens abattirent et tronçonnèrent l'arbre de la Liberté. Les habitants de Villedieu n'attendirent pas que leurs ruines fussent relevées, leurs misères soulagées ; dès le 23 frimaire, ils célébrèrent une fête civique, honorée de la présence des citoyents *Robine* et *de La Londe*, administrateurs de la Manche. Après le défilé, devant l'*arbre sacré*, du bataillon de la garde nationale de Villedieu et du 12e bataillon de la Manche qui y tenait garnison, les discours patriotiques terminés, la foule entonna le chant suivant, parodie locale du *Chant des Marseillais* qui devait faire le tour du monde à l'ombre et dans les plis du drapeau d'Arcole :

I

Arbre chéri des Sans-Culottes,
Par leurs bras tu fus défendu
Planté par les patriotes,
Les tyrans t'avaient abattu. *(bis)*
Si jamais les aristocrates,
Voulaient insulter ton bonnet,
Chacun de nous te défendrait,
Et nous dirions aux démocrates :

Refrain : Aux armes, citoyens, etc.

II

Restes impurs de la Vendée,
Revenez donc dans ce pays ;
Ramenez dans cette contrée
Vos royaux et honteux débris ; *(bis)*
Vous trouverez devant *Granville*,
La foudre qui vous écrasa
Et vous chanterez le *Ça-ira*
En repassant par notre ville.

Refrain : Aux armes, citoyens, etc. (1)

---

(1) Archives municipales de Villedieu. Chant inédit, ainsi que toutes les pièces citées textuellement et en italique.

La fête se termina aux cris mille fois répétés de « Vive la République ! Vive la Convention ! Vive Granville ! »

Le 20 nivôse, an II, fut célébré le 1er décadi à la nouvelle de la reprise de Toulon sur les Anglais. Glorieux fait d'armes de Bonaparte, purgeant ainsi le sol de la patrie de l'ennemi, sous les coups duquel il devait succomber à Waterloo !

Ce jour-là, « les deux tronçons de l'ancien « arbre, que les brigands avaient renversé, « coupé et mutilé, furent rapportés pompeu- « sement, décorés d'une écharpe municipale, « de deux sabres en sautoir, par les citoyens « de la commune et de la garnison et dé- « posés sur la place, au bas des halles pour y « être, le principal tronçon, replanté, et l'au- « tre placé dans le lieu des séances de la « société populaire. Ce dépôt fut confié à une « garde militaire. » (Archives municipales).

Après la replantation, les chants patriotiques furent exécutés aux sons d'une musique composée des volontaires de la garnison et de jeunes amateurs de la ville.

Le 30 nivôse, an II, la garde-nationale reçut son drapeau.

Au milieu de ses fêtes patriotiques, Villedieu n'oubliait pas la Ville-Sœur, Granville, qui reçut pendant le siège l'appui de ses braves enfants. Aussi ce fut avec joie et empressement qu'ils obéirent à la réquisition faite le V ventôse an II, pour approvisionner la place et la marine de Granville-la-Victoire de tous les poissons salés, *merlus ou morues sèches* (archives de Villedieu).

Dans la lutte ou dans le relèvement moral et matériel, nous trouvons toujours les laborieuses populations de ces nobles cités se prêtant un mutuel appui.

Nous n'avons pas oublié que, dès le 30 septembre 1793, les braves ouvriers de Villedieu avaient mis à la disposition de la Convention leurs bras et leur industrie, insistant surtout sur la création d'une fonderie de canons.

Ce ne fut que le 3 germinal an II (mars 1794), que le citoyen Bouret, représentant du peuple, député par la Convention nationale dans les départements de la Manche et du Calvados, vint à Villedieu examiner sur les lieux la possibilité de cette fonderie.

Le premier comité des armes fut institué par lui le 13 germinal an II ; il était composé des citoyens Michel Havard, Desmasures, Jacques Boulogne, Jean-François Besnou, Guillaume Lepetit, Lamazure père et Nicolas Gautier fils, et le 15 germinal, Bourret établit la fonderie de canons sur le vu de la *proposition* d'un groupe de *fondeurs* qui lui écrivirent pour *se proposer* comme entrepreneurs de la *fonte des canons*. Ce sont les citoyens Jean-Baptiste Mongeot, Jean-Nicolas Viel, Guillaume Viel, Louis-Mathieu Vimont, Jean Béatrix, Etienne Béatrix, Pierre Pellerin, Giles Pitel-Chalaisière.

Pour la fabrication des affûts, Pitel-Lamazure fils fut accepté.

C'est un beau titre de noblesse pour leurs descendants.

De tous côtés on réunit du métal de cloches, le bois nécessaire est réquisitionné, une activité fébrile règne dans Villedieu et dès le 30 germinal, la municipalité de Villedieu écrit au citoyen Bouret la lettre suivante :

30 germinal an II (1)

Au Représentant du Peuple Bouret

Républicain,

Nous t'annonçons que tous les préparatifs nécessaires à notre fonderie sont bientôt achevés et qu'avant la fin de la prochaine décade, nous aurons fondu V pièces de canon. La fabrication des affûts est aussi en pleine activité ; la machine à forer sera prête dans le même temps que les canons seront fondus. Nous recevons beaucoup de cloches du district de Mortain ; mais aucunement de cuivre. Il nous en est arrivé un tonneau d'Avranches, qui est pour la plupart de mauvais potin gris (2) *; il nous faut nécessairement du cuivre rouge.*

L'adjudant général Esnaux (3), *qui a passé ici septidi dernier et que tu as chargé de surveiller notre manufacture, a été très satisfait de l'état où il l'a trouvée. Il nous a promis qu'il t'écrirait pour te demander de pouvoir mettre en réquisition une assez grande quantité de cuivre rouge qui est à Harcourt. Nous espérons que tu voudras bien nous l'accorder* **(c'est la batterie de cuisine**

(1) Livre de la Correspondance de la municipalité de Villedieu.

(2) Cuivre jaune.

(3) Adjudant général de l'armée des côtes de Cherbourg.

du cy devant duc) ; *nous désirons qu'elle serve le plus tôt possible à régaler les émigrés, parmi lesquels il est depuis longtemps.*

Reçois les témoignages sincères de notre amour et de notre reconnaissance.

Le même jour, cette demande patriotique, assaisonnée du meilleur sel de l'esprit gaulois, était confirmée aux citoyens Frain et Le Maître, d'Avranches, en les invitant à venir assister à la fonte de la première pièce de canon, tout en les suppliant d'envoyer du cuivre rouge.

Vu la mauvaise qualité du métal de cloche, qu'on n'était pas encore parvenu à épurer, cette matière première était de rigoureuse nécessité.

Confirmant la création faite par Bouret le 15 germinal, le comité du Salut Public décréta, le 28 germinal :

Le directeur de la fonderie de Villedieu enverra, chaque décade, à la section des armes du Comité du Salut Public, l'état exact de tout ce qui existe dans son magasin et de tout ce qu'il aura fabriqué, reçu ou délivré pendant la décade, conformément au tableau ci-joint et que le premier de ces états sera envoyé dix jours après la réception du présent arrêté.

Nous sommes heureux de pouvoir donner un modèle de cet état (1) qui prouve l'importance de la fonderie de Villedieu et les

(1) V. Registre de correspondance de la municipalité de Villedieu

noms des dix fondeurs patriotes y sont glorieusement inscrits :

Qualité de la fonderie : Fonderie de bronze

Nom de la manufacture : Manufacture de Ville dieu, district d'Avranches, département de la Manche.

Noms des entrepreneurs : J. B. Mougeot, J. N. Viel, L.-M. Vimont. J. G. Viel, P. Pellerin, J.-E. Béatrix, M.-C. Béatrix, G. Pitel, R. Simon, C. F.-N Mougeot.

Quantité de bouches a feu qu'il est possible de fabriquer par chaque décade : Actuellement 4 pièces du calibre 4; en plus, outre, ils pourraient fournir dans la suite, 3 pièces de 8 et 3 pièces de 12.

Durée de la fonderie : Autant de temps qu'il sera fourni de matière des cloches ou du cuivre.

De pareils débuts étaient bien faits pour encourager les fondeurs Villedieusains ; aussi, le 4 prairial ils s'adressent au comité du Salut public, pour obtenir de lui les moyens d'approvisionner la fabrique de canons, le prévenant que les entrepreneurs avaient à leurs frais. fait bâtir un fourneau. acheté bois et charbon. monté une machine à forer à la maison du *Moulin*, propriété sise en Ste-Cécile. à 1/4 de lieue de Villedieu et ayant appartenu au ci-devant émigré de Saint-Germain. La municipalité demandait du cuivre rouge avec insistance. Par une lettre du 9 prairial au citoyen *Engerran*, député. la municipalité lui annonçait la fonte des premiers canons; mais, hélas! l'épuration du métal de cloche donnait 50 0/0 de perte. La machine à forer fonctionne très bien et la fonderie de canons, créée par le citoyen Bouret. peut faire toute espèce de travaux.

Bientôt, en réponse à sa lettre, le comité de la fonderie qui fonctionnait sous la surveillance de Le Moine et Lemaître, du district d'Avranches. reçut avis du comité des armes, qu'il suffisait d'employer 14 livres d'étain par quintal pour obtenir une bonne fonte des canons. On se souvient que le métal de cloche était impur. Après de nombreux essais et des tâtonnements, le citoyen Philippe Loyer. fondeur. résolut ce problème de chimie métallurgique ; il retira d'un quintal de métal de cloche épuré, 72 livres 15 onces 6 gros de cuivre : c'est le maximum qui eût été atteint alors. Saluons, en passant, avec une respectueuse douleur, la mémoire vénérée du fils de ce savant. Celui que de nombreuses générations ont salué du nom affectueux de « Père Philippe », le digne continuateur de son père. notre vieux professeur de physique et de chimie au collège d'Avranches, qui a été enlevé à notre affection, à notre vénération.

Qu'il me soit permis d'exprimer ici le modeste mais sincère témoignage de ma respectueuse et sincère affection que je lui avais vouée; son souvenir ne périra jamais dans mon cœur.

Si Avranches fournit à la fonderie 3 472 kilog. de cuivre provenant de tombeaux, cela ne suffisait pas à l'alimentation de l'alliage. Toutefois, il résulte d'une lettre adressée à l'adjudant-général Esnaux, que du 8 au 20 thermidor, 28 canons furent prêts et montés.

Voici l'état de la fabrication à la date du 21 thermidor an II. (1)

Noms des entrepreneurs : Béatrix, frères, Viel, frères, Mougeot, Pitel, Vimont, Pellerin.

Ouvrages finis : Sept canons de 4.

Ouvrages avancés : Trois canons de 4.

Ouvrages commencés : Douze canons à monter.

Observations : Les douze canons à monter seraient fondus si nous avions du cuivre, mais nous ne pouvons faire épurer le métal de cloche, n'ayant aucun fonds pour fonder cet établissement et nous procurer le charbon nécessaire.

Certes, le chimiste Philippe Loyer, avait bien trouvé la formule et la manipulation pour épurer le métal de cloche, mais les ressources n'étaient pas à la hauteur de l'ardent patriotisme des fondeurs. Leurs supplications furent entendues et, à la date du 9 fructidor an II, 60,000 livres leur furent versés sur l'ordre de l'agence de la grosse artillerie.

Le chef d'état-major, *Mogallon*, de l'armée des côtes de Cherbourg, écrivait de son quartier-général de Vire, à la date du 28 fructidor an II : « Je désirerais citoyens, « d'être informé dans le plus bref délai, de « la quantité de pièces de campagne de « quatre qui sont dans votre commune du

(1) Archives municipales.

« nombre des affûts et caissons attelés et « disponibles. » (1).

La réponse ne se fit pas attendre; car dès la *troisième des sans-culottides*, la municipalité de Villedieu lui répondit qu'elle avait dix pièces de quatre et douze affûts prêts à être terminés, et elle demandait un modèle de caisson.

En récompense de leur abnégation et de leur dévoûment, sur l'ordre des représentants du peuple *Ruelle* et *Boursault*, confirmé plus tard par *Bollet*, les jeunes ouvriers de la fonderie restèrent à leur poste et purent ainsi continuer leur œuvre si utile pour la défense de la patrie.

Malgré leurs efforts, un arrêté du 10 frimaire an III du comité du Salut public, interdisant l'emploi « de cuivre rosette neuf « ou vieux pour la fonte des canons et « ordonnant l'emploi du métal de cloches », vint porter un premier coup à cette industrie et elle fut définitivement supprimée dans les premiers jours de brumaire an IV.

Nous avons retracé rapidement la glorieuse participation de Villedieu à la défense de Granville, ses souffrances personnelles, le massacre et le pillage qu'elle eut à subir. Nous avons essayé de donner une idée du dévoument, du patriotisme de ses fondeurs, se sacrifiant pour doter les armées de bouches à feu sorties de leurs mains.

---

(1) Registre de correspondance.

En pensant à tous ces glorieux disparus, une idée nous est venue. Ne pourrait-on pas, en s'inspirant de la lettre que le 18 messidor an II, la municipalité de Villedieu adressait à ses voisines et fidèles alliées de Saultchevreuil, St-Pierre-du-Tronchet, Ste-Cécile, les Monts de la Colombe, Beslon et Saint-Fragaire, ériger dans la grande salle de mariage de l'Hôtel-de-Ville de Villedieu, une plaque de bronze portant en tête les armes de la Commanderie, au-dessous deux dates sur une banderolle : 1793-1794, an II de la Liberté?

Une pyramide avait été élevée sur la place de Villedieu, à la mémoire des victimes tombées sous les balles vendéennes. Le 14 juillet 1889, une colonne de granit, portant les dates : *14 Juillet 1789 — 14 Juillet 1889*, surmontée de la statue de la Liberté, a remplacé la première depuis longtemps détruite.

La liste des victimes, tant de celles tombées glorieusement pour la défense de leurs frères de Granville que de celles fusillées et massacrées le 27 brumaire, rappellerait à leurs descendants leur patriotisme et serait pour tous les bons Français un enseignement et un reconfort pour l'avenir.

Nous ne doutons pas que, si cette idée était mise à exécution, plus d'un artiste de Villedieu, et ils sont nombreux, ne s'offrît pour célébrer ces braves, leurs ancêtres!

Cap-Lihou, 12 Avril 1897.

Le jour tant désiré vient de luire : l'union indissoluble des « VILLES SŒURS » est scellée à tout jamais par l'évocation de nos luttes et de nos victoires communes. Groupés en *1793* à l'abri des plis glorieux des drapeaux tricolores écartelés, nos ancêtres leur ont donné le baptême du sang.

« Ils étaient criblés de balles, déchirés,
« Mutilés à coups de lances,
« Comme blessés par d'innombrables poignards
« En des mêlées désespérées.
« De la poudre, de la fumée et des taches rouges et pour-
[prées
« En couvraient les couleurs. » (1)

Nos héroïques enfants de France ont donné au *Tonkin*, au *Dahomey*, à *Madagascar*, la preuve éclatante de leur valeur digne des anciens.

Partout, le citoyen *Français* se découvre respectueusement quand le drapeau du régiment passe devant lui.

Ils auront beau dire, beau faire, les « *sans patrie* », pour nous tous, le DRAPEAU est et restera toujours la personnification de

(1) Madame Ada Negis : *Les Drapeaux.*

l'« *Alma parens* ». C'est à elle après notre mère par le sang que nous devons également offrir ***respect***, ***dévouement***, ***amour*** et au besoin, lui ***sacrifier*** notre ***vie*** pour la ***défendre*** et la ***sauver*** du danger.

Granville, avril 1897.

V. LE MONTIER,

AVOCAT.

DROITS DE REPRODUCTION RÉSERVÉS

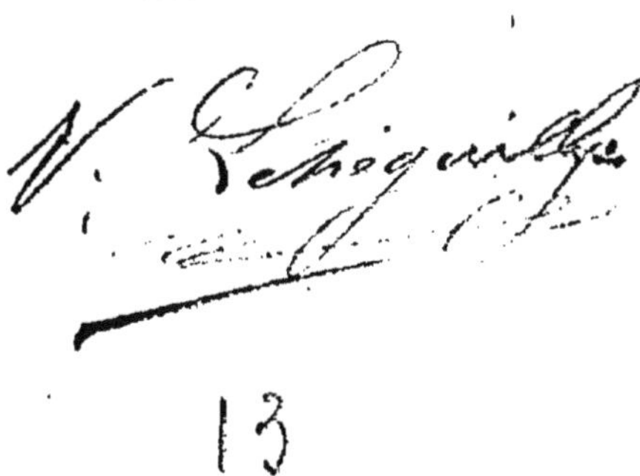

13

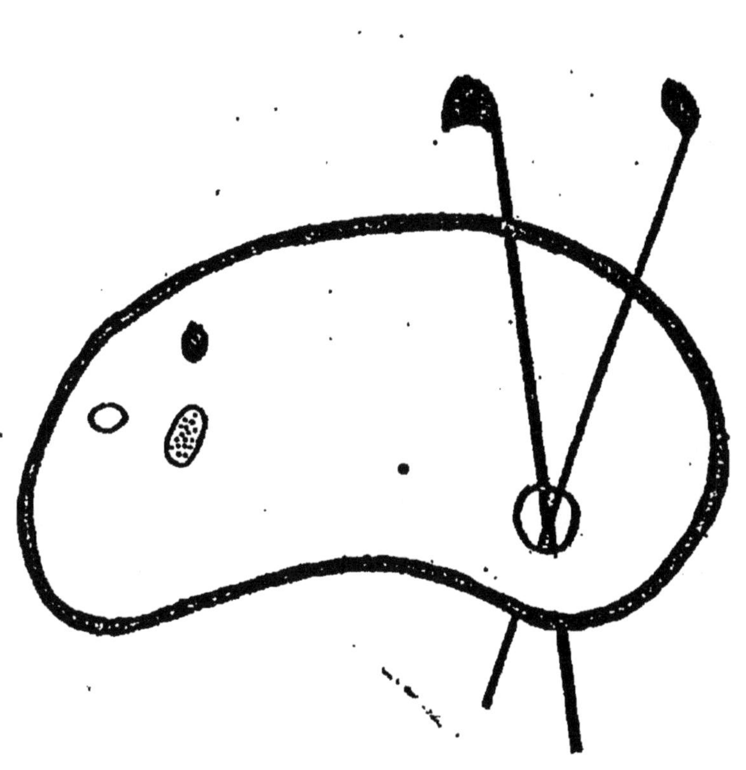

ORIGINAL EN COULEUR
NF Z 43-120-8

www.ingramcontent.com/pod-product-compliance
Ingram Content Group UK Ltd.
Pitfield, Milton Keynes, MK11 3LW, UK
UKHW021025200726
13857UKWH00004B/1587